日本が誇れる人づくり・しつけ教育のモデル

藩校に学ぶ［補遺］

藁科満治

日本評論社

はしがき

「人づくりは国造り」の標語は、古来より教育の在り方が問われる際にしばしば使われてきた言葉である。いま混迷の中にある教育と過去に経験したことのない急激な「人口減少」に直面している状況のもとで、この言葉を想起することは、大変意義のあることである。

加えて、昨年は「明治維新一五〇年」の節目にあたることから、改めて維新に光が当てられその功罪が問われることになった。その一環として「江戸時代の教育力」が見直されている。「江戸時代の教育力」をタイトルにした書物（高橋敏『江戸の教育力』ちくま新書、大石学『江戸の教育力』東京学芸大学出版会）がすでに二〇〇七年に並行的に二冊出版されているが、改めて注目を集めた。当然ながら両書には視点の差異が見られるものの、共通して指摘している江戸時代の教育の原点は、「人づくり教育の重視」「画一的な中央集権化の排除」「維新以降の近代化を支えた知的基盤」である。現下の教育課題の改革に向けても、大いに役立つ貴重な参考書として広く活用されることを勧めたい。

併せて、「江戸時代の教育」という視点では、拙著『藩校に学ぶ――日本の教育の原点』（日本評論社、二〇一八年）も、明治維新の功罪が問われる背景の中で予期以上の反響があり、とりわけ、現下のモラル欠如の世相に対する危機感を抱く多くの方々から「人づくり」の重要性を訴える貴重な声や手紙をいただいたことは感謝に堪えない。

そこでこの際、その反響やご好意に応える意味で、「人づくり教育」「しつけ教育」に関する注目すべき史実やエピソードを要約し、人づくりのための指針（「日本が誇れる伝統的な教育資産」）としてまとめた。たとえば、江戸時代以降の「人づくり教育」に関しては、注目すべき理念や実績を残した先駆者として、池田光政、上杉鷹山、酒井忠徳、吉田松陰、松平慎斎、小林虎三郎、福澤諭吉、松下幸之助を取り上げた。

これらの事例には、現代の教育に欠ける「人づくり」のための示唆に富んだ教訓がびっしりと詰まっているように思う。一方、これに合わせて基礎教養、しつけ教育に関する注目すべき事例やベストセラーになった『「学力」の経済学』（中室牧子著）の内容なども要約して紹介することにした。

ぜひ、学校、企業、団体、自治体（教育委員会など）などがこの資料を教育指針や教材として積極的に活用されることを期待している。

令和元年五月吉日

藁科　満治

目次

表紙写真：會津藩校日新館大成殿（會津藩校日新館提供）

第一章

「人づくり教育」の理念と手法

第一節　人づくり教育のモデル（江戸時代以降のモデル集）

◎江戸時代初期に郷学校・手習い所を藩領の隅々まで建てた ― 池田光政

儒者の横井小楠が熊本と江戸の往来の途上、岡山を通った。そのときの見聞をまとめたのが『遊歴見聞書』だ。この書に「学校の建物は大きいが、まことに質素である。結構な建物といえば講堂だけである」との記述がある。これは岡山藩校（岡山学校）を訪れたときの印象を書いたものである。彼はその足で和気郡閑谷新田村を訪ねる。ここは岡山城下からおよそ三五キロ東に入ったところで、「例のない美しく見事なつくりで、江戸の湯島聖堂（幕府の学問所）の他には、天下にこのような壮麗な学校はないだろう」と激賞している。この閑谷学校こそわが国郷学校の代表的存在だ。

士農工商の身分制度が厳しかった時代に、侍の子弟が学ぶ藩校の建物よりも、庶民を含んだ子弟たちが学んだ閑谷学校が美しく設備が整っていたのだから、小楠ならずとも感嘆する。敷地は現在、国の史跡となり、講堂は国宝に、聖廟・芳烈祠（閑谷神社）は重要文化財に指定されている。特別史跡旧閑谷学校顕彰保存会の手で管理され、学房の跡地には青少年教育センターが建てられ、青少年の合宿研修の場とされて、三五〇年の教育の伝統が受け継がれている。

この閑谷学校は岡山藩主・池田光政が寛文八年（一六六八）、家老の津田永忠に命じて建設させたものだ。この当時光政は、儒者の熊沢蕃山の思想に感銘を受け、三百石で召し抱える（後に三千石へ加増）とともにその考え方を藩政に生かそうとしていた。熊沢蕃山はわが国陽明学の祖といわれる中江藤樹の高弟で、「民は国の本」と考え、「経世済民」を主張した。光政はこの考え方に全面的に賛同し、「経世済民」を藩政の基本的考え方に据えた。

承応三年（一六五四）、備前一帯は大洪水に見舞われ、藩領のほとんどの村や町は壊滅的な打撃を受ける。光政は藩庫にあるだけの米を放出、大坂蔵屋敷の米も廻送させて、被災領民の救済に充てた。このとき光政はこうした救済に全力を挙げるだけではなく、欠陥のあった農政の改革に乗り出した。知行地の年貢率の改定、大庄屋や村庄屋制度の改革、本百姓の維持・育成、それに疲弊した村の復興のための御加損米の支給、さらには飢饉に備えるための畝麦制度（備荒貯蓄制度）の創設、新田開発の奨励、といった政策だった。

ところがこうした大きな改革を実施するためには多くの部署の新設、藩役人の増強がどうしても必要だった。光政の大改革を実行するにはそれまでの藩士たちだけではその任にあたる藩士の数が足りず、早急な人材の育成が求められた。さらにこの改革には藩士の人材育成とともに、領民大庄屋や村庄屋制度の改革が含まれていたため、村役人や地主の子弟の教育も急がなければならなかった。そこにこそ岡山藩が藩領の隅々にまで教育機関を必要とする理由があったのである。光政はこうした考え方から閑谷学校をはじめ各地に手習い所を設けたのだ。

当時領民はほとんどが寺院に通い、僧侶から教育を受けていた。しかし光政は、こうした僧侶たちの教育に限界を感じ、城下に一カ所、諸郡に一二三カ所の手習い所を設け、地主や村役人の子弟たちを通わせることにしたのだ。そして多くの寺院に代わる初等教育の場とした。

その頂点にあたる閑谷学校は、高等教育をするところと定めた。閑谷学校は後にさまざまな盛衰に遭遇したが、藩から与えられた学校領を田畑に開墾、学校田としてそこで収穫されたものを学校の運営費に充てたことで、その後の教育機関としての役割を長く継続することができた。この学校には岡山藩領の人びとばかりでなく、隣接した播磨、美作、備中、讃岐などから遊学する人たちも多数見られた。

光政が閑谷学校の整備とともに進めたのが、藩士の子弟を教育する藩校・石山仮学館であった。最初は各地に大きく展開した手習い所の教員を養成するための藩校として考えられていた。ほどなくこの学校は岡山藩学校として、正式に歩み始める。ここでは手習い所の教員養成とともに、藩の役職に就く有為な人材を生み出す教育も行われた。熊沢蕃山の儒学を念入りに教え込んだほか、書学、算学などを学ばせるとともに武術の鍛錬もされ、文武両道の藩士育成を目指した。

◎「知教一致」を実践、実学を教育の中心に据えた――上杉鷹山

上杉鷹山というのは隠居してからの名であるので、ここでは米沢藩第九代藩主・上杉治憲（一七五一～一八二二）とする。治憲は類い希な采配を振るい、大借金に喘いでいた米沢藩の財政を立て直す。それればかりか、後の世に高名を残す藩校「興譲館」を創設、その礎を築いた。そこには治憲の一貫した教育理念があり、それが貫徹されて実を結んだことが読み取れる実態が、代々受け継がれている。

たとえばその一つに、治憲が代々の藩主が受け継ぐようにと定めた、「伝国の辞」がある。直接には跡を継ぐ治広に贈った言葉とされるが、上杉家はこの後代々、この言葉を受け継いでいく。そこには封建領主とは思えぬ民主精神に溢れた文言が連ねられている。

「伝国の辞」

一、国家は先祖より子孫へ伝え候国家にして我私すべき物にはこれ無く候。

一、人民は国家に属したる人民にして我私すべき物にはこれ無く候。
一、国家人民の為に立たる君にて君の為に立たる国家人民にはこれ無く候。
　右三条御遺念有間敷候事

これを意訳すれば以下のようになる。

一、国（藩）は先祖から子孫に伝えられるべきものであり、我（藩主）の私物ではない。
一、領民は国（藩）に属しているものであり、我（藩）の私物ではない。
一、国（藩）、人民（領民）のために存在・行動するのが君主（藩主）であり、君主のために存在・行動する国（藩）、人民（領民）ではない。
　この三カ条を心に留め忘れることの無きように。

　この「伝国の辞」はこの後、上杉家が明治維新で版籍奉還するまで、家督相続時に藩主間で伝承された。さらにこの文言は戦後、アメリカ合衆国第三五代大統領J・F・ケネディが日本人記者の質問に答えて、最も尊敬する日本の政治家として鷹山の名をあげたことで、全世界に知られることになった。

上杉治憲は日向国高鍋藩主・秋月種美の次男（幼名は松三郎）として生まれる。松三郎の祖母が米沢藩四代藩主・綱憲の娘だった縁で、養嗣子として米沢藩へ入ることになる。江戸市中で辻説法をしていた折衷学者の細井平洲（一七二八〜一八〇一）の話を米沢藩医・藁科松柏が聞き、話の内容と人柄、学識の深さに感服、それを家老の竹俣当綱に報告した。当綱はすぐに平洲と面会、養子の学問師範に最適な人物として藩主・重定に推薦。このとき治憲一三歳、このときから治憲は平洲の薫陶を受けることになる。

治憲は明和四年（一七六七）、藩主の座に就くとすぐに民政や産業に明るい竹俣当綱を主席家老に、財政に通じていた莅戸善政（のぞきよしまさ）を家老格の奉行に抜擢、財政再建に取りかかった。既得権を持つ藩内の人びとの抵抗は大きかったが、平洲の教え「知教一致」（学問と政治は切り離せない）を実践する治憲は怯まない。こうして財政改革に一区切りついた安永五年（一七七六）、治憲は閉校状態になっていた学館の再興を決意する。重臣の吉江輔長を頭取に、莅戸善政を御用掛に任命、急ピッチで建物の建設、教員人事、カリキュラムなどが決められていった。
藩校の名は、治憲の依頼によって平洲が提案した「興譲館」と決められた。これは『大学』の中にある「一家仁なれば、一国仁興り、一家譲なれば一国譲興る」という一節から採られた。また平洲は藩校開校にあたり、『管子』の一節、「学則」を治憲に送り、考え方の基本を綴った。

「先生は教えを授け、弟子は素直にその教えに従う。温和で慎み深く、わだかまりのないさっぱりした気持ちで、教わったことは最後までやり遂げる。良い行いを見たならばそれを見習うようにし、正しいことを聴いたならばそれを実行する。（中略）顔色を良くし、気持ちを整え、早寝早起きし、衣服を整える云々。
これを学則という」

この年米沢を訪れた平洲は、扁額に「学則」を揮毫した。この扁額はこのとき以来現在に至るまで二百数十年掲げ続けられ、現在では県立米沢興譲館高等学校に掲げられている。「興譲精神」を受け継ぐ象徴と見なされてきた。

治憲は「知教一致」の一環として藩校運営の責任者たちに異例の厚遇をした。たとえば平洲と治憲の連絡役だった神保綱忠を最高責任者として督学に任命、地位は大目付の上で重臣並みの禄高三七五石を取らせた。その下の総監（藩校時代四人が就任）は大目付の下、禄高は二五〇石、提学（同九人）は町奉行の下、一二〇石だった。これらは当時、他藩に比べても地位・報酬ともにとりわけ高い扱いだった。

興譲館が特徴的なのは武士、庶民の別なく誰にでも開かれた学館だったことだろう。そして藩校の席次は身分ではなく、長幼の序で決められた。貧しい家の生徒には寄宿寮を無料にする制度もあり、加えてこうした家庭の生徒で優秀な子には年一両の手当金（奨学金）が支給された。治憲は藩校に優秀な指導者となるべき人材の育成を求め、ここで学んだ生徒が将来藩の中枢で活躍することを期待していた。藩校で優秀な生徒は、平洲が江戸で開いていた私塾・嚶鳴館に遊学させた。平洲没後は、幕府の儒官、古賀精里が開いた古賀塾に生徒を派遣した。

治憲は隠居した後の享和二年（一八〇二）に剃髪し、鷹山と号した。藩政を指揮していたときは徹底して「知教一致」で実学を重んじ、藩の産業振興などに全力を挙げたが、財政再建が一段落した寛政四年（一七九二）から家中・領民を問わず、九〇歳以上の老人には生涯一人扶持を与えることとする年金制度を創設した。他に子どもが一五歳以下で五人以上いる家庭には、末子が五歳に達するまで一人扶持を支給する子ども手当制度も実施した。藩には孝行、善行などを顕彰する制度があったが、鷹山は善行者、とりわけ模範的な人物に対しては生涯門柱に名前を記して称えた。また寛政七年にはわが国で最も早く、公娼制度を廃止する法令を公布した。

◎生徒それぞれの個性を伸ばすことに主眼が置かれた「致道館」の教育

――酒井忠徳

「致道館」は山形県鶴岡市周辺を領有していた、庄内藩に置かれていた藩校である。江戸時代も中期以降になると、東北の諸藩はどこも農村の疲弊が激しく、財政窮乏が際立っていた。それを打開するためどの藩でも政治改革が盛んに試みられるようになった。

隣の米沢藩では上杉治憲が改革に反対した重臣を厳しく処分するなど、藩主の強力な主導権のもとに改革が進められた。それに対し庄内藩では、近くの酒田に本拠を構える豪商・本間家の力を借りるいわば「民間活力路線」で、財政再建を進めた。酒田の豪商で巨大地主の本間家はこのとき、同家中興の祖といわれた本間光丘が主で、その財力と経営手腕に期待したのである。庄内藩主・酒井家では八代が就任一年足らずで病没したため、忠徳（一七五五〜一八一二）はわずか一三歳で家督を継いだ。このとき藩の借財は九万両に及び、借金の利子だけで年間一万二千両に及んだと伝えられている。成人した忠徳は光丘を江戸に呼び出し相談し、「安永御地盤組立」次いで「天明御地盤組立」を再建策として採用した。これはここ数年間の米価と収穫高を平均して藩収入を推定、江戸での掛かりをこれまでの半額に減らし、高利の負債は本間家が長期低利の資金を融通肩代わりして、年賦償還を図るという緊縮均衡予算だった。さらに困窮家臣の救済や農村における凶作対策の備蓄にも、本間家から多額の資金が提供されて、いったんは財政再建の目処が立ったのである。

　これ以降も飢饉のたびに財政危機に陥ったが、そのつど乗り切ってきた藩内では藩士たちの風紀が乱れ、派手な暮らしをする者や博打や金儲けに走る輩が目立ってきていた。これを憂えて忠徳は、郡代の役にあった白井矢太夫（一七五三〜一八一二）と協議、「なるべく早く学校をつくり、人材を育成して、士風の乱れを正し、藩政を立て直そう」ということで一致した。そして文化二年（一八〇五）、学校の建物が竣工するのを待って、『論語』にある「君子は学びて以てその道を致す」から藩校の名を「致道館」としたのである。そして矢太夫を祭酒（校長）に任命して、盛大な開校式を行った。

実は白井矢太夫は儒者でもあり、徂徠学に優れ、農政改革を成功に導いた実績があった。藩主・忠徳はこの農政改革の成功を高く評価し、学問の持つ力に感銘していた。この時点で幕府が出した「寛政異学の禁」から一〇年ほどしか経っておらず、幕府の意に反する徂徠学を学問の中心に据えるのは大変な決断だった。忠徳は開校にあたって、藩校で教職に就く者への「被仰出書（おおせいだされしょ）」に、次のように書いている。

「学問も武芸もともに優れていれば一番良いが、人には生まれつき得手・不得手があるのだからその人の優れた方を伸ばすようにしなさい」

「その人の持って生まれた素質の大小に応じて、それぞれ精一杯伸ばす教育が大切です」

「生徒の性質を見極めないで、生まれつきに合わない指導をするのは、非常に害があるといいます」

これらは皆徂徠学の考え方によるものだ。

さらに祭酒になった白井矢太夫が先生方を諭した言葉として、次のようなものがある。

「良いところを伸ばすようにすれば、悪いところは自然に消え失せるものですから、生徒たちを無理に責めてはなりません」

「学校は少年たちの遊び場ですから、不作法の他は何事もあまりとがめないで、飽きさせないように面白く教えることです」

このように致道館の教育は、生徒それぞれの生まれつきに応じ、その個性を十分に伸ばすことを基本にしていた。幼い生徒たちが楽しみながら学習できるよう指導法を工夫するとともに、上級へ進むにつれて自学自修と会業（討論）を多くし、自ら求めて積極的に取り組み、じっくり考え、正しく理解して実際の藩士生活に生かしていく、そういう実践的な人間を育てていくことを目指していた。学校の仕組みは五つの等級に分かれ、終日詰以上に自学自修と会業を採り入れているのも、忠徳が徂徠学から学んだことである。

学校は次のように五つの等級に分けられていた。

・句読所：現在の小学校にあたる。西の間、中の間、東の間、北の間の四学年に分かれ、担任から『孝経』『論語』『詩経』『書経』『礼記』『大学』『中庸』『易経』の読み方と習字を教わる。年四回、学業検閲があり、学力に応じて進級する。
・終日詰：いまの中学校にあたる。一室六、七名で自学自修、会業に出席する。教科書には四書五経のほか、歴史書や詩文が用いられた。
・外舎：現在の高等学校にあたる。一室二名で自学自修し、会業に出席する。修学書は歴史書、諸子百家、詩文。年四回、学業検閲がある。
・試舎生：現在の大学一般教養履修生にあたる。一人一室で自主学習し、会業に出席する。修学書は自分で選ぶ。年に一回の学業検閲があり、三年経っても通らないときは退学になる。
・舎生：現在の大学学部生か大学院生にあたる。一切の公務は免除され、藩から食事が与えられる。一室に寝泊まりし、朝六時から夜二二時まで自主学習に励み、会業に出席する。卒業すると才能や個性に応じて藩の役職が与えられる。

致道館に入学できるのは中級以上の武士の子弟だったが、下級武士の子弟で優秀な者も例外として認められていた。句読所から舎生まで合わせると生徒数は三百数十名で、教職員は合わせて四、五〇名だった。数え一〇歳で入学した後は、年齢やそれまで勉強していた年数に関係なく、学力に応じて進級・進学するようになっていた。舎生は三〇歳前後になるのが普通だった。

致道館の教育は、生徒それぞれの個性を伸ばすことに主眼が置かれた。自学自修を多くしたゆとりある教育は、生徒たちに自発的な向学心を育てることになり、彼らは実践に役立つ学問を自然に身につけることが可能になったのである。

そして、この理念は、二〇世紀を通じてアメリカの公教育基盤の確立に決定的な影響を与えたジョン・デューイの新教育思想（児童中心主義）の理念とまったく符合するものであり、その時代よりはるか一世紀前にこのような教育理念が藩校で示されたことに強い感動を覚える。

◎「学問は人に教えるものではなく、ともに学ぶもの」という信念を貫いた——吉田松陰

吉田松陰の出自を知るために、本人の履歴を見てみる。吉田松陰は文政一三年（一八三〇）、長州萩城下で長州藩士・杉百合之助の次男として生まれた。四歳のとき山鹿流兵学師範・吉田大助の養子となる。そこで兵学を修める。六歳のとき大助が死亡した後、叔父の玉木文之進が開いた松下村塾で指導を受けるようになる。非常に優秀だったためわずか九歳で、藩校・明倫館の兵学師範に就任。一一歳のとき、藩主・毛

利慶親への御前講義の内容が見事で、その才能が高く評価された。一三歳のとき長州軍を率いて西洋艦隊撃滅演習を実施。一五歳で山田亦介より長沼流兵学の講義を受け、山鹿流、長沼流という江戸時代双璧の兵学を修めた。

　しかし、アヘン戦争で清が西洋列強に大敗したことを知り、山鹿流兵学などが時代遅れになったことを痛感、西洋兵学を学ぶために嘉永三年（一八五〇）二一歳のとき、九州へ遊学。さらに江戸へ出て佐久間象山、安積艮斎に師事する。その翌年（一八五一）、長州藩から過書手形（通行手形）をもらわず東北旅行へ出掛け、事実上脱藩となる。東北旅行では水戸で会沢正志斎と面会、會津で藩校・日新館の見学をはじめ、東北鉱山の様子を見学、津軽では津軽海峡を通航する外国船を見学しようとした。江戸に帰着後、藩から罪に問われて士籍剥奪、世禄没収の処分を受けた。

　嘉永六年（一八五三）、ペリー艦隊が浦賀に来航すると、師の佐久間象山と黒船を遠望し、西洋の先進文明に心打たれる。その後師のすすめもあって、外国留学を決意、同郷の足軽とともに長崎に寄港していたロシア軍艦に乗り込もうとするが、同艦が予定を繰り上げて出港したため果たせなかった。翌年、ペリーが日米和親条約締結のため再航した際には金子重之輔と二人、小舟で旗艦・ポーハタン号に漕ぎ寄せ乗船した。

しかし、渡航は拒否され、小舟も流されたため港に帰って、下田奉行所に自首、伝馬町牢屋敷に投獄された。その後、国許蟄居が言い渡され、長州に送り返され野山獄に幽閉された。獄中で密航の動機とその思想を『幽囚録』と題して記述した。

安政二年（一八五五）、出獄を許されたが、引き続き杉家で幽閉となる。二年後叔父が主催していた松下村塾を引き継ぎ、幽閉先の杉家で塾を開く。この松下村塾では、久坂玄瑞、高杉晋作、伊藤博文、山縣有朋、吉田稔麿、入江九一、前原一誠、品川弥二郎、山田顕義、野村靖、渡辺蒿蔵、河北義次郎などの面々を教育した。松下村塾では松陰が一方的に弟子に教えるということはせず、松陰が弟子と意見を交わし、文系学問だけでなく登山や水泳を行うなど、「生きた学問」が行われたという。

安政五年、幕府が無勅許で日米修好通商条約を締結したのを知って、吉田松陰は激怒する。幕府老中首座・間部詮勝が孝明天皇へ弁解するために上洛すると知った松陰は、間部を襲撃して条約の破棄と攘夷の実行を迫る計画を立てる。計画を実行するために松陰は藩へ、大砲など武器弾薬の借用を願い出るが拒絶される。そしてこの時世で幕府がわが国最大の障害になっていると説き、藩に倒幕を持ちかける。しかし、このことを藩は危険視し、再度野山獄に幽閉されることとなる。安政六年、梅田雲浜が幕府に捕縛されると、安政の大獄に連座したとして、江戸に護送されて伝馬町牢屋敷に投獄された。取り調べで松陰は自ら進んで老中暗殺計画を告白、そうしないとわが国は良くならないと主張した。結果、この年の一〇月、松陰は死刑（斬首刑）を宣告され、伝馬町牢屋敷で執行された。享年三〇歳だった。

松陰は投獄された萩の野山獄では囚人たちに請われて、松下村塾では松陰を慕って集まった弟子たちに請われるままに、自分の心情を吐露し、塾生たちの意見を求めた。そこで語ったことをいくつか紹介する。

「志を立てて以て万事の源となす」

「仁とは人なり。人にあらざれば仁なし、禽獣これなり。仁なければ人にあらず。禽獣に近き是なり。必ずや仁と人と相合するを待ちて道といふべし」

「仮令獄中にありとも敵愾のこころ一日として忘るべからず。いやしくも敵愾のこころ忘れざれば、一日も学問の切磋怠るべきにあらず」

「己に真の志あれば、無志はおのずから引き去る。恐るるに足らず」

「体は私なり、心は公なり。私を役して公に殉う者を大人と為し、公を役して私に殉う者を小人と為す」

「死して不朽の見込みあらばいつでも死ぬべし。生きて大業の見込みあらばいつでも生くべし」

「先生から何のために学問するかと問われたことを記憶す。先生曰く、学者になるのはつまらない。学者になるには本を読みさえすればできる。学問するには立志ということが大切である」

こんな想いを紹介しながら松陰は、塾生にいつも情報収集し、将来の判断材料にせよと説いた。これが松陰の「飛耳長目」である。自身は津軽海峡から九州まで足を伸ばし、各地の動静を探った。萩の野山獄に監禁されていたときには、弟子たちに自分の耳目となるよう仕向けた。長州藩に対しても主要藩へ情報探索者を送り込むことを進言した。晩年には「草莽崛起」を促した。「草莽」は『孟子』では草木の間に潜む隠者を指し、転じて一般大衆を指した。「崛起」はいっせいに立ち上がることを指す。「在野の人よ、立ち上がれ」の意味になる。安政の大獄で収監される直前に、松陰が友人に書いた手紙に出てくる。「されど、本藩の恩と天朝の徳とは如何にしても忘るるに方なし。草莽崛起の力を以て近くは本藩を維持し、遠くは天朝の中興を補佐し奉れば匹夫の諒に負くが如くなれど、神州に大功ある人と云ふべし」と記している。

松陰の人物像について、関係者は次のように言っている。

「ごく幼い時分から落ちついた人でした」「また兄は、何事にでも自分を後にして、他人の為めに尽すといふたちの人でございました」(『婦人之友』／『吉田松陰全集』)「松陰は別に酒を飲まず、煙草も吸わず、至って謹直なりし。常に大食することを自ら戒めたり。されば格別食後の運動など今の者の如く心せざりしも、松陰が胃を害し腸を傷める等のことはこれ無かりし。松陰は生涯婦人に関係せることは無かりしなり」「外柔なる松陰は内はなかなか剛なりき。少年の時より心が腕白なりしゆえ、かかる大胆の事も企てしなれと、後に至り松陰の幼時を知るものの語り合いたり」「松陰の顔には痘痕あり。世辞はつとめて用いず。一見甚だ無愛想なる如く思われたれど、一度、二度話し合う者は、長幼の別なく松陰を慕い懐かざるはなかりき。松陰も相手に応じて、談話を試みたり。松陰はまた好んで客を遇せり」(『吉田松陰全集』)――妹の兒玉芳子

「先生絶えて書画骨董の娯楽なし、酒を飲まず、煙草を喫せず、一日門人と煙草の無用にして且つ害あることを論ず。これにおいて高杉晋作等大いに感奮し、その座において煙管を折りまた用いず」（『吉田松陰全集』）——弟子の天野御民

「丈高からず、痩形であり、顔色は白っぽい。天然痘の痕があった」「決して激言する人には非ず。滑稽を言う人にも非ず。おとなしき人なり」「言語甚だ丁寧にして、村塾に出入する門人の内、年長けたるものに対しては、大抵『あなた』といわれ、余等如き年少に対しては、『おまえ』などいわれたり」「先生の講説はあまり流暢にはあらず、常に脇差を手より離さず、これを膝に横たえて端座し、両手にてその両端を押え、肩を聳かして（元来痩せたる人故に肩の聳ゆるは特に目立つ）講説す」「怒った事は知らない。人に親切で、誰にでもあっさりとして、丁寧な言葉使いの人であった」（『吉田松陰全集』）——弟子の渡辺蒿蔵

穏やかで決して怒らず、声を荒げることもなく淡々と自説を述べ、相手の発言を黙って最後まで聴く、これが松陰の塾でのスタイルだった。妹の言うように外柔内剛の人、その松陰の思想に傾倒し、人柄を慕ってその志を受け継いだ草莽の志士たち（高

杉晋作、久坂玄瑞、山縣有朋、木戸孝允、伊藤博文など）が明治維新の扉を開けたのであった。

◎学問の要は「道を知るにあり」と説いた――松平慎斎

江戸時代を通じて藩校をはじめ全国教育機関の頂点に君臨していたのは昌平坂学問所である。幕藩体制が確立して世の中が安定してくるとともに、儒学の持つ意義は増大してきた。社会において人びとは、それぞれどのような役割を果たすべきかを説くとともに、上下の身分秩序を重んじ、「忠孝」「礼節」を貴ぶ考え方が幕藩体制の維持に望まれたからである。

とりわけ朱子学の思想は、封建社会を維持するための教学として格好な存在であり、幕府や多くの藩の大名に歓迎された。

この学問所は、大変学問好きであった五代将軍綱吉の命で、元禄三年（一六九〇）聖堂や塾舎が湯島に移されて堅固な増築・改築が行われ、孔子の生誕地の名をとって昌平坂学問所と名付けられたのである。

当学問所の塾生は、「稽古人」と「書生」の区分があり、前者は幕臣子弟、後者は各藩からの留学生である。学習の形は、官儒による講義は月に一〜二度程度で、もっぱら塾生自身の自学自修が主体であった。そのあたりの事情については、會津藩士南摩綱紀が退寮した際（一八五一年）の回想録が次のように鮮やかに語っている。

「熱心に先生の説を聴いて修業するなどといふ様な人々は、誠に少いことで坐眠などをして居たり話をして居たりする位のもので、ホンの形式に止った位のものであります。又寮中には月に一度づつ儒者或は出役などといふ役人共が廻って来ます。その時クジを引いて輪講をいたす。是も亦名ばかり、（中略）それならば書生寮の生徒はどういう風に学問修行をしたかと申せば、書生同士にて或は経書、或は歴史、或は諸子、又詩文などを、銘々に申合せ会を定めて稽古して居りました。（中略）その議論といふものは大層喧ましいことで、口から泡を飛ばし、顔を真赤にして、今に攫み合いでも始めやうといふ迄に非常な激論をいたす。（中略）斬う云ふ塩梅に修業いたしたのが、大に力になった様に覚えます」（鈴木

三八男『「昌平黌」物語』／中村彰彦『全国藩校紀行』PHP文庫、二〇一四年）

まさに、塾生たちは諸藩の将来を双肩に担う自覚をもって、切磋琢磨する俊才たちであった。

その精神的支柱の一つは、麹町教授所の学頭であった松平慎斎が常に説いていた訓示「学の要は道を知るにあり、詞章訓詁にあらず」であったといわれている。つまり、学問の真の目的は、「人の歩むべき道筋を学ぶことである」ということである。この訓示の言葉は、モラル欠如の現代社会にもそのまま通用する教訓ではないかと思う。

ちなみに、幕末に昌平坂学問所に留学して歴史に名を残した人物は、秋月悌次郎（會津藩士）、南摩綱紀（會津藩士）、清河八郎（庄内藩士）、岡啓輔（仙台藩士）、原市之進（水戸藩士）、高杉晋作（奇兵隊創設者）など数知れない。

このように昌平坂学問所からは、自主・自律性に富むリーダーシップを備えた俊英が数多く巣立っていったのである。

◎「米は食えば無くなるが、教育に使えば明日の百万俵になる」と説いた
——小林虎三郎

幕末戊辰戦争の一つで現在の新潟県長岡市周辺を舞台に戦われた北越戦争で、長岡藩は敗れ、七万四千石の領地は二万四千石に減知された。実収にして六割を失って藩財政は窮乏し、藩士たちはその日の食事を確保するのにも困難な状態が続いた。あまりの困窮ぶりを見かねた長岡藩の支藩・三根山藩が、米百俵を援助すると言ってきた。長岡藩の藩士たちは「これで少し生活が楽になる」と言って喜んだが、ただ一人藩の大参事を務める小林虎三郎は反対した。小林は「贈られた米は藩士に分け与えることはせず、売却の上、学校設立の費用に充てたい」と言った。藩士たちはこの知らせに驚き、すぐに虎三郎のところへ押しかけ、激しく抗議した。すると虎三郎は、こう言った。

「百俵の米も、食えばたちまち無くなるが、教育に充てれば明日の一万、百万俵になる」と藩士たちを前に、自説を譲らなかった。

この米百俵を売却してできた資金をもとに開校したのが「国漢学校」だった。後に洋学局と医学局が併設された。この学校は士族によって建てられた学校であるので士族の子弟が通う学校だったが、一定の学力に達した庶民の入学も許された。国漢学校は現在の長岡市立阪之上小学校、新潟県立長岡高等学校の前身となった。

米百俵の物語は作家の山本有三が舞台用の戯曲として書いたものであったが、二〇〇一年内閣総理大臣になった小泉純一郎が、最初の所信表明演説で「米百俵」の逸話を引用して一躍有名になり、その年の流行語大賞に選ばれるほど評判になった。そのため山本有三『米百俵』は新潮文庫としてこの年改めて刊行された。

小林虎三郎は文政一一年(一八二八)、長岡藩士・小林又兵衛の三男として生まれた。又兵衛は新潟町奉行を務めていたが、小林家は代々百～百数十石の禄(知行)を受け取る上級藩士の底辺クラスの家格であった。虎三郎は七男二女の三男で、長兄次兄は夭折した。

虎三郎は幼少の頃疱瘡に罹り、左目を失明した。長岡藩校・崇徳館で学び、若くして藩校の助教を務めるほど、成績優秀な俊英だった。二三歳のとき、藩命で江戸へ遊学し、当時兵学や砲学、洋学で有名な佐久間象山の門下に入っている。

戊辰戦争が始まって新政府軍が高田藩に至るという報が入ると、長岡藩は小林虎三郎が起草した嘆願書を新政府に提出することを決める。この嘆願書の内容は、当時の法に照らせば徳川慶喜は「反」にも「叛」にもあたらず、寛容に処してほしい、そうすれば長岡藩は新政府に協力するというものだった。しかし、往来騒擾のため使者を出立させることができずにいたときに、江戸から家老格の河井継之助（一八二七〜六八）が帰藩。嘆願書を無意味と取り消させた。

北越戦争後、小林虎三郎は減石された長岡藩の大参事となる。官軍との開戦に反対していたことが抜擢の理由だとされた。主だった執政は戦死しており、大参事は藩政の中心を担う役職だった。明治三年に米百俵の売却で学校建設を終えた後しばらくして、藩の主要な役職を退いた。明治四年には「病翁」と改名しているが、この頃にはリウマチ、腎臓病、肝臓病などさまざまな病魔に身体を蝕まれていた。しかし、廃藩置県後も地域に対する情熱は失せることなく、郡役所に対して教育行政をはじめとする諸案件について、意見具申、嘆願などを繰り返し行った。しかし、このことで郡役所から疎まれたらしく、静養に専念するよう命じられた。明治一〇年、湯治先の伊香保で熱病に罹り、東京にあった弟・雄七郎宅で死去した。享年五〇歳であった。

◎「独立自尊」「個人の個性を伸ばす」ことを教育の主眼に置いた——福澤諭吉

福澤諭吉は「天は人の上に人を造らず」の誰でもが知る文章が収められている「初編」から一七編にわたる大著、『学問のすゝめ』を著して、西洋流の個人の独立自尊を説いた。これに対し明治六年(一八七三)、アメリカから帰国した森有礼は、「富国強兵のために人材育成が急務」と考えていた。その啓蒙活動のために設立した「明六社」が発行した『明六雑誌』に持論を展開した福澤諭吉を相手に論争を挑んだ。これを世間は「明六論争」と呼んだ。

福澤諭吉は『学問のすゝめ』の中の四編「学者の職分を論ず」で、大要こう述べている。

「今後日本の独立が失われる疑いがあると危惧している。その原因は、人民と政府が助け合って独立を維持すべきなのに、そうしていないからだ。そして日本の現状を外国（先進国）に比べると、術、商売、法律の三分野が劣っており、その原因は政府の専制的姿勢と人民の無気力によるものと思う。さらにその原因を探っていくと、『気風』つまり『スピリット』の問題がある。そしてその『気風』を改めるには、人民の目指すべき目標を示す必要があり、その任に当たるのは『和漢の学者』ではなく、『洋学流の学者』ではないかと思う。しかし、その知識人も『官』のあることは知っているが、『私』があることを知らない。だから、自分自ら『洋学的目標』を示すために、『私立』を起こすこととする」

これに対し森有礼は『明六雑誌』第二号に「学者職分論」と題する批判の文章を載せた。

「福澤の説は、読む者を奮起させるものではあるが、穏当ではない。福澤は人民と政府の両立というが、人民の務めは国の求めることに応じることのみであり、官吏も貴族も平民もすべて国民（人民）であるから、政府と人民の両立論は成り立たない」

この発言でわかるように、森は徹底した国家主導の理念に立っていて、国民は国の求めに応じるだけと説いている。

森有礼（一八四七〜八九）は鹿児島生まれで、藩校・造士館、藩洋学校開成所で学び、慶応元年（一八六五）、藩の留学生としてイギリスへ渡り、ロシア、アメリカを経て明治元年（一八六八）、帰国した。この後過激な近代主義者、洋化主義者として新政府から疎まれる時期もあったが、明治一八年（一八八五）伊藤博文内閣が発足、初代文部大臣に就任。引き続き黒田清隆内閣でも文部大臣に就任した。この間、学校令を次々に発し、わが国の学校制度を確立した。黒田内閣で文部大臣在任中に、国粋主義者の暴漢に襲われ、四三歳の若さで生命を絶たれた。

森有礼の学校令の一つ、帝国大学令では、ドイツの帝国主義的な大学組織をモデルにしており、師範学校令では寄宿舎舎監制度の導入を試み、歩兵操練を組み込んだ。これらは「富国強兵」の理念を強くにじませるものとなっている。そして、ここでその後に展開される「国家主義教育」の基礎が築かれたことは、その後の歴史が証明している。

一方の福澤諭吉（一八三五〜一九〇一）は、豊前中津藩の下級武士の子として、同藩大坂蔵屋敷の長屋で生まれた。一四歳頃から勉学に身を入れるようになり、一九歳のとき長崎に遊学、蘭学を勉強する。翌年大坂に帰って、緒方洪庵の適塾に入門、三年後塾頭になる。安政五年（一八五八）、藩に命じられて江戸に出府、江戸藩邸内に蘭学塾を開いた。これが後に慶應義塾の前身となる。万延元年（一八六〇）、アメリカへ、二年後ヨーロッパへ、慶応三年（一八六七）再びアメリカへ渡った。その後帰国、明治五年（一八七二）に『学問のすゝめ』を公刊した。改めて紹介するまでもなく、身分の上下や貧富の隔てなく学問の重要性を説いたもので、「一身の独立」「一国の独立」を世に問うたものであった。その意味でこの著書は、森有礼の論文のアンチテーゼになっている。

福澤諭吉の『学問のすゝめ』以下、『修身要領』『福澤諭吉教育論集』などを読むと、その考え方は森有礼の対極にあり、今日もなお教訓に満ちていることがわかる。たとえば二〇一四年に斎藤孝明治大学教授は『子育ては諭吉に学べ！』（筑摩書房）という本を書いている。この中では最初に、「まずは獣身を成して後に人心を養う」との諭吉の言葉を引き、学ぶこと以前の大前提として、「健康であることが一番で、基本は身体である」ことを強調している。そして、「家風こそ無上の良教師なれ――家風で品格を育てる」、次に「独立自尊の人格たれ――独立のための実学を身につけよ」、そして「人にして人を毛嫌いするなかれ――交際は広く持て。親友はいなくてもいい」、最後に「教育の力は唯人の天賦を発達せしむるのみ――子どもに多くを求めない」と展開する。斎藤教授は福澤諭吉研究では大変著名であるので、嚙み砕いて説明されると、大変わかりやすい。

なお福澤諭吉の真骨頂が表れている『修身要領』は二十九条からなる教訓集を慶應義塾がまとめたものだが傾聴に値する。参考までに「独立自尊」と「教育」に関する第一、二条と二十八条を紹介する。

第一条　人は人たるの品位を進め、智徳を研き（中略）吾党の男女は、独立自尊の主義を以て修身処世の要領と為し、之を服膺して、人たるの本分を全うす可きものなり。

第二条　心身の独立を全うし、自ら其身を尊重して、人たるの品位を辱めざるもの、之を独立自尊の人と云ふ。

（中略）

第二十八条　人の世に生まるゝ、智愚強弱の差なきを得ず。智強の数を増し愚弱の数を減ずるは教育の力に在り。教育は即ち人に独立自尊の道を教へて之を躬行実践するの工風を啓くものなり。

と結んでいる。

明治の風雲児・諭吉翁の言葉はいまなお新鮮さを失わない。

◎「人をつくる会社と答えなさい」と訓示した――松下幸之助

実学論者の代表といえば、「経営の神様」といわれた松下幸之助がいる。数人の町工場を世界的な大企業に成長発展させた松下幸之助は、まだ会社が小さい頃従業員に対して「お得意先に行って『君のところは何を作っているのか』とたずねられたら『松下電器は人をつくっています。電気製品もつくっていますが、その前にまず人をつくっているのです』と答えなさい」（松下幸之助『実践経営哲学』ＰＨＰ研究所、一九七八年）と訓話をした話はあまりに有名である。

晩年は、経営とは別に激動する内外の環境変化に対応する人材を育成するために「松下政経塾」を設立した。そして初代塾長として開設時に語った講話は次のようなものであった。

「君たちは、大学・大学院で十分勉強してきている。今君たちに必要なのは実学だ。現地・現場に足を運び、そこにいる人たちの意見を聞き、自分の目で学び、現地・現場で改革案を考えることである。それが本当の実務家であり政治家である」

松下政経塾の研修目的と研修方針は次の通りである。

研修目的

「国家百年の大計をつくる」

国家国民の物心一如の真の繁栄を目指す基本理念を探求し、国家の未来を開く長期的展望となるビジョンをつくる。

「実践者になる」

強い信念と責任感、力強い実行力、国際的な視野などを幅広く総合的に体得して、ビジョンを具現する実践者になる。

研修方針

「自分でつかむ研修」

国家百年の大計をつくり、実践者になるための要諦は、人から教えられて身につくものではない。松下政経塾では「自分でつかむ」ことを研修理念とする。そのため常勤の講師は存在しない。師を持たずして師となった剣聖・宮本武蔵の如く、自分で要諦をつかみながら、国家百年の大計をつくり、実践者になる。

ついでながら、参考までに松下政経塾を見学した（二〇一八年六月）当時の感想をいえば、「塾生自ら、そして塾生相互の議論の中から学ぶべきテーマ、現場、講師を選ぶ学習方式は、松下幸之助哲学の『自分でつかむ』とした研修理念の実践ばかりでなく、江戸時代における象徴的学問所『昌平黌』の学習理念と行動に相通じるものがあるように感じた」のであった。

政経塾は、早くも開設四〇年の節目を迎えようとしていて、当塾から各分野に進んだ精鋭は、政界では首相をはじめとする大臣、党首、自治体首長など、経済・産業界では企業・団体のトップなど、さらに教育、文化面にも多くの優れた人材を輩出していて各界から注目を集めており、その総計は三〇〇名近くになろうとしている。

そして、この松下幸之助の基本理念は、三九期入塾式（二〇一八年）における佐野尚見理事長の式辞に象徴されるように、今日にも脈々と受け継がれている。

「新入塾生の諸君は、まず現場に入って汗をかき、時には恥をかき、叱責を受けてその中からあるべき姿や考え方、自分の果たすべき役割を掴みとっていただきたい。その現場にこそ、諸君が成し遂げようとしている『志の原石』があることを忘れないで欲しい」

第二節　教養教育・しつけ教育の目的と効用

（多様な知識と価値判断の体得モデル）

◎グローバル化を乗り切る高い教養力を養う――三大学総長・塾長の鼎談

表題のテーマに相応しい鼎談が週刊誌に掲載されたので、その中から興味深い発言の一部を紹介する。これは東京大学・濱田純一総長、早稲田大学・鎌田薫総長、慶應義塾大学・清家篤塾長（いずれも当時）が鼎談したもので、そのテーマは「教育の質向上のために大学がなすべきこと」であり、三氏がそれぞれ持論を展開している（『サンデー毎日』二〇一三年三月三一日付）。

まず大学の秋入学の提言を機に、学事暦やカリキュラムの議論が進んでいることを指摘されると、三氏の話は大学のなすべきことに向かう。

鎌田　今、大学がしなくてはいけないのは学部の新設などよりも、既存のものをより充実させることではないでしょうか。今ある授業の内容や教育方法を一つ一つ見直したり、教育理念をより明確なものにしていくという、目立たない改革が重要だと思っています。

清家　おっしゃる通りです。慶應はその一環として、例えば文理融合に積極的に取り組んでいます。

大学院では社会科学・人文科学系と理科系・自然科学系の大学院生が相互に授業を取るようなプログラムを進めています。……

鎌田　早稲田でもいわゆる教養教育を二つの段階に分けています。一つは現代版の読み書きそろばんで、……学術的文章の書き方を具体的実践を通じて教える授業、文系学生が数学的・論理的思考力を養うための授業などの基礎的スキルに関するものです。もう一つは学部の壁を越えて、幅広い教養を身につけるためのリベラルアーツ教育です。……これまでは国際感覚や語学力を養うという意味での「グローバル化」が目指されてきましたが、今は次のステップに差しかかっています。日本人は専門知識はあるけれど、教養が足りないとか、人間的魅力に欠けると言われないように、真の意味での教養教育を充実させることが重要になっています。

（中略）

濱田　……お二人から教養教育の話がありましたが、東大は教養学部を維持していることで、教養教育の高い水準を保つことが可能になっています。さらに進んで、学部横断型の教育プログラムなどを通じて、教養教育を後期課程や大学院にも広げていこうとする動きも出ています。教養教育の意味として、古典をしっかり学んだり、理系・文系の枠にとらわれず学問分野の幅を広げ、知識とともに学問の方法論を身につけていくことが大事ですが、人間は新しいものと触れ合って自分の知識や考え方を絶えず相対化することで成長していきます。そのために必要なのが教養です。

理系・文系の枠を超えて、新しいものと触れ合う中で自らの知識や考え方を相対化していく努力が必要だと三氏は説く。そしてさらにこれからの社会における大学の役割を次のように語る。

濱田　研究面で世界的な競争力を維持し続けて社会の活性化に貢献するとともに、教育面では、やはり「よりグローバルに、よりタフに」学生を育てていくことです。……生まれ育った日本の文化や歴史への理解が深くなければグローバル化の波に押し流されてしまいます。知的な力や考える力をベースにして、そんな学生を育てていきたい。

清家　「グローバルでタフな人材」を福澤諭吉の言葉に言い換えれば、「独立自尊」の人ということでしょう。福澤は維新を経て明治に至る、国内的にも、またグローバル化という意味でも今と比べてさらにものすごい変化の時代に生きたことを、「あたかも一身にして二生を経るが如く」と表しました。激動の時代において、自分で考え、行動した結果に責任を持つということや、自他ともに尊重できる人材を育てるのは学問です。問題を見つけ、その答えを自分で導くのが学問です。……

濱田　……これからの時代は学問的な知識の多様性に加え、世界の持つ多様性を意識して自分の力の中に取り込んでいくことが必要です。そうした人作りのためには、キャンパスの多様な環境づくりを進めていかなければなりません。……

鎌田　大隈重信は欧米列強に抗して真の独立国家を確立しなければならない困難な時

代に、早稲田大学を創設することで将来の日本を支える一つの柱を立てようとしました。建学の精神である「学問の独立」には、独立した国家であるためには自由で独創的な学問を通じ、自立した精神を持つ国民を育てなければならないという意味があります。……建学当初から、「早稲田で学んだ者は地方に散れ」「社会の隅々にまで学問の恩恵を広げろ」と言われてきました。……今、大学教育に求められていることは専門知識を身につけることに限りません。社会に出れば、外国人を含め、多様な価値観を持った人たちと自由に議論し、相互理解を深めながら、独創的な提案をし、実践していく能力が必要になります。（以下略）

◎教養のすすめ「思いやりと名のついた想像力」――永野茂洋・明治学院大学教授

明治学院大学校友会の機関誌 *Do For Others* 第二二号（二〇一八年秋冬）が「社会人のための教養のすすめ」を特集している。その中で同大学副学長（教養教育センター教授）の永野茂洋氏は、「『教養』とは、ほぼ『文化』と同じもの。眺めて鑑賞するぶんに『文化』であり、身につけ修める対象として捉えると『教養』になる」と定義した上で、「完結した知識をただ覚えることが、教養学習ではありません。何かに主体的に興味を持って関わり、深く掘り下げ、自分の事にしていくことで、教養は身についていくものです」と解説する。

そして、「教養を吸収する大きなメリットは、単に賢くなることではなく、人は教養を深めることで自分の事として捉えられる物事の範囲も広がっていきます」と説く。「それはすなわち、様々な人の立場になって物事を考えられる資質である『思いやり』と名のついた想像力を養うことに繋がるものです」と語り、「教養は人としての優しさの源になる」と力説する。

永野茂洋教授は、一九五六年東京生まれ、六二歳。国際基督教大学教養学部人文科学科卒、同大学比較文化研究科博士課程修了。同大学助手から敬和学園大学人文学部国際文化学科助教授を経て、二〇〇三年より明治学院大学教養教育センター教授、一六年から副学長。専門分野は旧約聖書学、担当科目はキリスト教の基礎、ヨーロッパ文化圏研究など。著書に『もうひとつのグローバリゼーション――「内なる国際化」

に対応した人材の育成』（かんよう出版、二〇一六年、共著）など多数ある。こうした経歴からわかるように、キリスト教をベースに優しさをもとにした教養主義を唱える。

◎子育てに「流行り」はない・子どもが主体的に生き抜く力を
――淡路雅夫・元私立中学・高校校長

淡路雅夫氏は著書『お父さん、お母さん、気づいていますか？　子どものこころ』（グローバル教育出版、二〇一七年）の中で、子育てに「流行り」はない、と述べている。その意味をこの著書から引く。

「子育ての基本は、子どもが社会で生きるための条件づくりをしてあげることだと思います。そのために、子どもが自分で今何をしなければならないのか、自分で気づき、悩み、行動できるように支援してあげること、そして子どもが社会の一員として生きられるよう、生きる力と自律心を育む支援をしてあげることが大事ではないかと思っています」

そして現代の子育てで注目しなければならないことは、子どもの社会人力や人間関係力だ、と説いている。最近特に知識のテストで難関大学に合格し、たとえ大企業に就職したとしても、三、四年で離職するケースが増えているが、彼らの多くは同じ価値観や生活観の仲間とは、仲良く生活できるようだという。でも彼らは、自分は人見知りですといって、考え方や意見の違う相手とは、一緒に行動し生活することは不得手なのだと分析する。「人間にとっては、人との出会いがとても大切です。そのかかわりを持った人に引き回されて育てられることも多いのです。人に声をかけてもらい、物ごとを頼まれる人の特徴を考えてみてください。そのような人は、知識だけでなく、自分のことは自分でできる自律心を持っている人ではありませんか、あるいは、時間の使い方や管理能力、物ごとの段取り力の高い、信頼のおける人ではないでしょうか」と書く。

これらの資質は、いま特別に指摘されることではないとし、社会がどのように変わっても、人間社会に必要な資質だと、氏は力説する。これは「人間が社会生活をする上で、基本的な能力なのです。戦後の社会変化のなかで個人の生活が重視され、残念ながら、そのような資質が充分育てられずに大人になってしまった、ということが言えると思います」と述べている。

子育てに人間関係力や社会人力が重要なことについては、いろいろなところで指摘されている。

「たとえば、友だちや仲間の話しを聴く習慣の大切さは、小学校に上がっても児童の動きが違い、それが積み重なって人の話しや授業を聴くことができるようになり、理解力の高い子どもに育っていること。また、園児や小学生の段階からいろいろな性格の仲間と遊べる習慣を育てられている子ども、あるいは、保育士さんや親から話を良く聴いてもらえる子ども、子どもの気づいたことを発言したり発表させてもらえる生活の多い子どもは、気づく力や考える力、さらにはみんなで一緒に力を合わせて行なう集団生活が、より育っているように思います。現在、チーム力とか、協力・協働という言葉が、いろいろなところで使われています。チーム力や協働は、一人ひとりの個人の意識や資質が高くならなければ、実現しません。多少意見が異なっても、相手に合わせたり事態を俯瞰してみる力が必要なのです」

ここでいう社会人力、人間関係力こそ、幅広い教養の修得のみによってつくりあげられるものにほかならない。

淡路雅夫氏は一九四四年、神奈川県の生まれ、七四歳。國學院大學大学院を修了。私立浅野中学・高等学校に四〇年勤務し、同校校長を務めた。長年にわたって教育現場から子どもの発達や親子関係について考察を重ねた。その一方、日本赤十字社の青少年リーダー養成のためのボランティア活動や研修指導に従事。現在はブレインアカデミー私学研究所首席研究員、関東学院大学講師、私学協会での理事長、校長研修や初任者研修を手がける。こうした経歴の持ち主だけに、その主張は説得力に富む。

◎「ならぬことはならぬ」――江戸時代會津人の自主・自律心

　現在の福島県会津地方には江戸時代以前から、年少者に対する独特の社会教育システムが根付いていた。江戸時代の會津藩には一七世紀後半（一六七四）に武士を対象とした郭内講所ができていた。これが拡張・整備されて會津藩校日新館としてスタートしたのは一八世紀末（一七九九）である。この藩校にはおよそ一〇歳で入校することになっていた。それ以前の六～九歳の児童は、「遊びの什」に組織化されていた。「什」という組織は父親の身分に関係なく、一〇人、あるいは一〇家を意味する単位だ。その中の年長者で九歳の子どものうち早く生まれた者が、この単位の取り締まりにあたった。この者を什長といった。

　會津藩領の子どもたちは全員、いずれかの什に所属した。子どもたちは午前中、自宅か寺子屋で『孝経』などを素読し、午後になると決められた「什」の家に集まってお話と遊びをする。什の中で宿に決まった家では菓子などは一切出さず、夏は水一杯、冬は白湯一杯だけを出した。

一同が席に着くと、什長が「これよりお話をいたします」といって、規則の「什の掟」を一条ずつ唱える。「什」によって多少文言が違うが、「戸外で婦人（おんな）と言葉を交えてはなりませぬ」という文言は、省かれることも多かったという。しかし、最後の「ならぬことはならぬものです」という文言は、必ず唱えられたと伝えられている。次に代表的な文言を掲げる。

「什の掟」

一、年長者の言ふことに背いてはなりませぬ。
一、年長者にはお辞儀をしなければなりませぬ。
一、嘘言（うそ）を言ふことはなりませぬ。
一、卑怯な振舞をしてはなりませぬ。
一、弱い者をいぢめてはなりませぬ。
一、戸外で物を食べてはなりませぬ。
ならぬことはならぬものです。

什長が一条唱えるたびに、他の者は「へい」と言って頭を下げる。唱え終わると什長が「これに違反した者はいないか」と聞き、違反者がいれば詳しく調べて相応な罰が与えられた。一番軽い罪は「無念」といい、什長が「無念を立てなさい」と言うと、違反者は「〇〇をして無念でありました」と謝る。次は「竹篦（しっぺい）」といって、全員から手の甲を叩かれる。最も重い罪は「派切り」といって、「什」から絶交を言い渡される。派切りになった子どもは家で謹慎し、数日後父親が付き添って什長に謝り、初めて許されるという仕組みだった。

この反省会が終わるとよほどの悪天候でない限り、全員外へ出て遊ぶ。辺りが暗くなって、什長が「終わり」を宣言するまで続けられ、個人の勝手は許されなかった。こうして鍛え合うことで、小さいうちから「ならぬことはならぬ」という、會津魂、會津士魂が形作られていった。會津藩校日新館に入学してからは、同じ什に属する者が「学びの什」をつくり、集団で登下校して「什」の結束と団結を保ち、年長者の指導に従った。

なお、この「什の掟」は、平成二三年（二〇一一）に「人づくり教育」のモデルとして、小学校六年生の社会科教科書（東京書籍）に採用され紹介されている。

◎きちんと「しつけ」を受けた者は年収が高い
――中室牧子・慶應義塾大学教授

『「学力」の経済学』(ディスカヴァー・トゥエンティワン、二〇一五年)というベストセラーをご存じだろうか。中室牧子慶應義塾大学総合政策学部准教授(当時)の著書である。この本の中には〝目から鱗〟のような発見が、データに裏付けられて著述されている。その中からいくつか肝心なことを引く。

「神戸大学の西村教授らは『しつけ』という違った角度から研究を行いました。四つの基本的なモラル(=ウソをついてはいけない、他人に親切にする、ルールを守る、勉強をする)をしつけの一環として親から教わった人は、それらをまったく教わらなかった人と比較すると、年収が八六万円高いということを明らかにしています」

中室牧子氏は一九七五年奈良県の生まれで、奈良女子大学付属中・高校を卒業後、慶應義塾大学環境情報学部へ。卒業後はアメリカのコロンビア大学の国際公共大学院へ入学、ここの博士課程で「教育経済学」を学んだ。教育経済学というのは聞き慣れない言葉だが、平たく言うと教育を一種の投資活動と捉え、子どもをどのように教育したら投資効果が上がるのか、実際の社会調査データなどを用いて研究する学問である。

年収にして八六万円の差というと、働き始めから定年までを計算すると大変な額になる。なぜしつけを受けた人の年収が高くなるのか、山形大学窪田康平准教授らの研究が参考になると、同書では言っている。

「窪田准教授らは、しつけが子どもの勤勉性に因果効果を持つことを明らかにしました。すなわち、親が幼少期のしつけをきちんと行い、基本的なモラルを身につけさせるということは、勤勉性という非認知能力（知能指数などで計測される認知能力と異なり、忍耐力、社会性、やる気など直接計測できない能力＝筆者註）を培うための重要なプロセスなのです。そしてこのしつけによって育まれた勤勉性が、平均的な年収の差につながったのだと考えられます」

四つのモラルでしつけられた子どもは学力だけではなく、立派な人格を持ち、社会に出てから活躍する、というのはわが国の伝統的な子育ての考え方とまさしく一致する。

アメリカ・ミシガン州の話だが、ノーベル経済学賞を受賞したジェームズ・ヘックマンシカゴ大学教授は一九六〇年代から行われている幼稚園での実験に注目、その結果を定量的に分析したという。この幼稚園では低所得のアフリカ系米国人家庭の三〜四歳の子どもたち五八人を選び、質の高い就学前教育を施した。

・幼稚園の先生は修士号以上の学位を持つ児童心理学等の専門家に限定
・子ども六人を先生一人が担当するという少人数制
・午前中に約二・五時間の読み書きや歌などのレッスンを週に五日、二年間受講
・一週間につき一・五時間の家庭訪問

この教育を受けた五八人と、六五人の受けなかった子どもを比較する研究が約四〇年間続けられた。教育を受けた子どもたちは、教育を受けなかった子どもたちに比べ、①六歳時点のＩＱが高い、②一九歳時点での高校卒業率が高い、③二七歳時点での持ち家比率が高い、④四〇歳時点での所得が高く、逮捕率は低い、という結果を得た。中室教授は、ヘックマン教授の研究を次のように解説している。

「ヘックマン教授らは、学力テストでは計測することができない非認知能力が、人生の成功において極めて重要であることを強調しています。また、誠実さ、忍耐強さ、社交性、好奇心の強さ——これらの非認知能力は、『人から学び、獲得するものである』ことも。おそらく、学校とはただ単に勉強をする場所ではなく、先生や同級生から多くのことを学び、『非認知能力』を培う場所でもあるということなのでしょう」

誠実さ、忍耐強さ、社交性、好奇心の強さ、それにやり抜く力を総合して「人格力」と定義する。この人格力を育てるには、中室教授によれば親が口先だけで、「勉強しなさい」などと言っても効果はないという。

「逆に、『勉強を見ている』または『勉強する時間を決めて守らせている』という、親が自分の時間を何らかの形で犠牲にせざるを得ないような手間暇のかかるかかわりというのは、かなり効果が高いことも明らかになりました」

「祖父母や兄姉、あるいは親戚などの『その他の同居者』が、子どもの横について勉強を見たり、勉強をする時間を決めて守らせていても、親とあまり変わらない効果が見込めることがわかっているのです」

わが国は江戸時代から寺子屋教育が普及し、幕末の一八五〇年頃の江戸での就学率は七〇〜八五％に達していたが、同じ時期イギリスの大都市は二〇〜二五％にすぎなかった。この頃来日した西欧人はこの事実に目を見張ったが、それは単に就学率の高さだけではなく、そこで教える教師から学び培った生徒たちの学力と人格力の高さに向けられたものである。

◎手間暇かけてじっくりと育てる——日本電産・永守重信会長

「最近はあまり使われなくなったが、〝手塩にかける〟という言葉がある。厳しさのなかにも愛情があふれ、未熟で不慣れな後輩をそれぞれの個性やタイプに応じて、手間暇をかけてじっくりと一人前に育て上げていくというイメージがあって、わたしの好きな言葉の一つである。（中略）このように人や会社、そして部下が大変身を遂げ、強く、たくましくなっていく姿を眺めるのが、わたしの最高の喜びであり、生きがいでもある」

この言葉は日本電産・永守重信氏の著書『「人を動かす人」になれ！』（三笠書房、一九九八年）の中から引用した。その言葉とともに思い出すのが、二〇一八年二月の平昌オリンピックでの女子スピードスケートでチームパシュート、マススタートで金メダルを獲得した高木菜那選手と対面した永守会長の表情である。「金メダルに二千万円出すと言ってきたから、彼女には四

千万円出さなきゃなあ」と照れるように、誇らしげに語ったときの満面の笑みである。

高木選手は小柄で、それまでたいした実績もない選手だったが、それが「大変身を遂げ、強く、たくましくなった姿」を見せたのである。彼女は三協精機製作所という精密機械の会社の所属だったが、この会社を日本電産が買収・傘下に収めたことで日本電産サンキョーへ変わっていた。そしてこの会社を買い取ったときに永守会長は、「会社の実績も振るわなかったが、アイススケートというマイナーな競技の部を持っていることとの意味も考えた。そしてこの際、会社とともにこのマイナーなスポーツも大きく変身させてやろうと」。実際不思議なもので、会社の業績向上とともに、アイススケート部も飛躍的に強く変身した。

日本電産は優秀な技術を持つが経営不振に陥った企業を次々に買収し、小会社化して再建させることで知られている。会長はその際、個人で筆頭株主になり、会長にも就任して、経営不振に陥った企業の再建を行う。「情熱、熱意、執念」「知的ハードワーク」「すぐやる、必ずやる、出来るまでやる」を三大精神の一つにしている。創業時から、「最大の社会貢献は雇用の創出であること」「世の中でなくてはならぬ製品を供給すること」「一番にこだわり、何事においても世界トップを目指すこと」という経営基本理念を掲げ、今日までそれを実践している。

永守重信氏は一九四四年京都府向日市生まれ。六人兄弟の末っ子。京都市立洛陽工業高校卒業、職業訓練大学校（現在の職業能力開発総合大学校）電気科を首席で卒業。音響機器製作会社ティアックに就職。同社小会社である山科精機取締役を経て、ティアックの持ち株をもとに一九七三年、日本電産株式会社を創業する。社長を含めて四人での創業だった。それ以来日本電産社長として、同社をわが国を代表する総合モーター製造会社に育て上げ、モーター事業において世界のトップシェアを誇るグローバルな大企業に発展させた。

「仕事が一番楽しい」と語り、一日一六時間年間三六五日、元旦の午前を除いて働くという。「他人の二倍働いて成功しないことはない」「絶対に楽して儲けたらあかん」という母親の教えを守ると言っていた。しかし、M&Aで傘下に収めるなどした海外企業での見聞などを通じて、生産性を重視する方向へ考え方を変え、二〇一六年には将来の残業ゼロを目指すことを宣言した。売上高・利益を成長させる戦略自体に変化はなく、二〇一八年に達成した売上高一兆円超えを、二〇二〇年には二兆円へ、三〇年には連結売上高一〇兆円を目指すという構想を発表した。

永守会長の発言はいつも面白い。その中からいくつかを紹介する。

「私は『一番以外はビリだ』と思って生きてきました。二番でもいいなんていう考え方はだめです。それから異端者を評価しない会社も問題です。ちょっと変わった人間が世の中にないものを生み出しています」

「今日のことは今日やる。『今月は無理だ。来月やります』で、一年のうち一カ月がなくなってしまうから、達成率が八〇％になってしまう。しかし、使うほうのお金は一〇〇％使っているから、赤字になるのです」

「『ノー』の連発からは何も生まれない。『すぐやる』『必ずやる』『出来るまでやる』という、常に前向きな姿勢を持ってこそ、すばらしい成果が待っている」

◎「ウガンダの高校生」に教え込んだ日本のしつけ
――小田島裕一・元中学校教師

小田島裕一氏は一九六八年札幌市の生まれ。札幌西高校を卒業後、弘前大学へ進学。小学校から大学までずっと野球部に所属、野球に打ち込んでいた。そして大学卒業と同時に札幌で中学校の教師になり、英語を教えていた。教師を続けていた平成八年（一九九六）、日本プロ野球から野茂英雄投手が、アメリカ・メジャーリーグへ移籍していた。この挑戦を日本の多くの野球関係者は「無謀」と語っていた。しかし、野茂投手は移籍一年目から大活躍するという〝奇跡〟を起こした。これを見て小田島氏は平々凡々と日を過ごす自分を反省。自分の夢に挑戦しなければ、生活を変えられないと考えて挑戦したのが青年海外協力隊だった。教師生活五年目だった。

小田島氏は特別に得意なものはなく、自分には小さい頃から親しんだ野球しかないという思いで、野球を教えることで海外貢献しようとした。しかし、

野球を教えて国際貢献しようとする青年海外協力隊への志望者はたくさんいた。なかには甲子園出場者や六大学野球部出身者もいた。このため小田島氏が「漠然と野球で」といっても選考に通るのは困難だった。毎年一回の選考を落ちること七回。八回目に自分の思いを手紙に綴り、二年間の活動計画を詳細に書いて応募した。この熱意が伝わって、ようやく「合格」通知がもたらされた。

平成一九年（二〇〇七）に教師を辞めてアフリカ・ウガンダへ赴任した。ウガンダへ行ってみると、そこは想像していたものとはまったく違っていた。伊勢雅臣『世界が称賛する日本の教育』（育鵬社、二〇一七年）にこの様子が詳しく紹介されているので、そこから抜粋して概要を紹介する。

こうして赴任したのはウガンダにあるセントノアセカンダリー高校だった。男女共学の私立校で、富裕層の子弟が通う学校だった。案内してくれた先生は、野球部には素晴らしい選手がそろっているといっていたが、実際にグラウンドへ行ってみると選手は五人、上半身裸で練習している生徒、ガールフレンドに膝枕し耳掃除をしてもらっている者、練習中に立ち小便をしたり、鬼ごっこをする者、小田島氏の目には真面目にやっている者は誰もいないように見えた。部室を見るとまるで「ゴミ箱」。書類や段ボールが積み上げられ、グローブやバットが床に置き捨てられている。

このときにいた五人に目標を聞くと、「(高校野球の)ウガンダ・チャンピオンになりたい」という。そして「コーチがいる二年間でウガンダ・チャンピオンになれますか」と聞いてくる。そこで小田島氏は、「なれる」と答え、「君たちには野球の前にすべきことがある」と話した。翌日のミーティングで、日本が優勝した第一回ワールドベースボールクラシックのDVDを見せた。選手たちが目を輝かせているのを見て、小田島氏は「私は日本の野球をモデルにして君たちを指導したい」と話し、「日本の野球は、あくまで選手一人ひとりをジェントルマンに育てるための手段である」と続けた。その考えを紙に書き出して、部室に貼った。

「セントノア野球部　理念」ジェントルマンになるために

1　私たちは、すべてのものに感謝します。
2　私たちは、礼儀正しく謙虚です。
3　私たちは、日々向上します。

4　私たちは、目標を立て、それを実現します。
5　私たちは、チャンピオンのように振る舞います。
　なぜならば、私たちはチャンピオンだからです。

このチームはこの年、現チャンピオンであるチャポンポゴ高校に一対三〇で負けていた。その現実はすぐに現れた。まず、彼らには時間の概念がなかった。一人ひとりが時計を持っていないばかりか、学校にただ一つあった校長室の時計も壊れたまま。時間にルーズなのは生徒ばかりでなく、みんながそうだった。整理・整頓・清掃の習慣もない。授業が終わっても掃除もしないから、汚れたまま。礼儀作法の習慣もない。挨拶もしないし、話を聞いているときの態度もなっていない。相手に対する敬意というものがない。そこで小田島氏は、まず「時を守り、場を清め、礼を正す」という、教育哲学者・森信三氏が提唱した教育の再建の三大原理に立ち戻って、この「しつけ」から始めることにしたのである。

最初に始めたのは早朝の読書と清掃だった。その後の経過にはさまざまな曲折があり、時には諦めと焦りの交錯もあって、筆舌に尽くせぬ混迷の中をさまよったりした。

しかし、ようやく朝読書、朝清掃を始めてから六カ月後、教室では一言もしゃべらず、背筋を伸ばして学習する選手たちがいた。ある日小田島氏は私用で外出し、夕方の練習に遅れて参加した。いつもと違って、道路から直接グラウンドに入った小田島氏に選手たちは気づかない。グラウンドでは大きな声が響き渡っていた。選手一人ひとりの真剣な目、力一杯走る姿、皆一生懸命である。「コーチがいないのにこんなに真剣に練習している」。小田島氏の目には、思わず涙があふれた。

しつけが進むと、高校生たちは人間的にも成長し、野球も勉強も上達していった。彼らは自分の国の国のために尽くしたいという志も持つようになった。「時を守り、場を清め、礼を正す」という日本の伝統的なしつけが、アフリカの地でも成果を出し、わが国の伝統的な教育が、いかに国際性を持っているかが、明白に示された事例になった。

小田島氏はふと考えた。「ウガンダの選手たちの成長した姿をＤＶＤに収めて、世話になった日本の人たちに送ろう。混迷の中にある日本の教育現場で、日本のしつけ教育の素晴らしさを再認識してくれるかもしれない」と思ったのである。その予測は見事に当たって、もっと大きな夢を乗せてフィードバックされてきたのである。「このＤＶＤに感動した日本の人たちが、ウガンダ・チームを日本に招く企画をもとに実行委員会を立ち上げ、募金活動を始めてくれたのである」。

そして、この夢のような企画は、平成二〇年（二〇〇八）、見事に結実し多くの人たちの感動を呼んだのである。

小田島氏はあるときウガンダの高校の先生から次のような質問を受けた。

「日本は先の大戦で原爆を二つも落とされ、敗戦した。国がひどい状況になったにもかかわらず、六〇年経った今、世界で有数の豊かな国になっている。ウガンダは独立してから五〇年以上経つが、まだこのような貧乏な国である。あと一〇年したら日本のような国になれるのか？　そして、どうしたら日本がそんなに豊かになったのか教えてほしい。それがわかれば、ウガンダの発展のヒントになると思う」（小田島裕一『日本人という生き方』エイチエス、二〇〇九年）

しかし、小田島氏には即答はできなかった。小田島氏はこの質問に答えるべく、日本のことを調べていく中で、「焼き場に立つ少年」という写真に出会った。アメリカ人の報道写真家が終戦直後の日本を撮った一枚で、一〇歳ほどの少年が死んだ赤ん坊をおぶって、直立不動で焼き場の順番を待っている姿だった。

「悲しみに打ちひしがれながらも、涙一つ見せずに、強い意志を持って自分の責任を果たそうとする少年の姿に、この時代の日本人の精神性の高さを知った。指先を伸ばし、あごを引いて、直立姿勢を保つ少年の姿に、この頃の家庭及び学校でのしつけ教育の素晴らしさを見た。わずか一〇歳でも、このような凛々しさを持っている。彼に理想の日本人の姿を見た」（同書）

そしていまの豊かな日本は、こういう強い精神力に根ざした先人のたゆまぬ努力の賜物である、と小田島氏は知ったという。

◎学力・体力トップクラスの子育てに学ぶ――福井県

平成一九年（二〇〇七）に再開された「全国学力テスト」で福井県と秋田県がトップにランクされ、教育関係者、格別塾関係者に強いショックを与えた。

塾に通う率の低い両県の学力がトップでは、塾関係者の立場がない。関係者は危機感をもってその要因と背景を探っていくうちに、「学力は、幅広い人格形成の結果のひとつであって、その土台を無視した詰込み教育をしても学力は上がらない」ということを知り、打たれる思いがしたのである。

参考までに福井県の子育て教育の実態と特徴を、『ネコの目で見守る子育て――学力・体力テスト日本一！　福井県の教育のヒミツ』（太田あや、小学館、二〇〇九年）からいくつか抜粋して紹介する。

校舎に向かって一礼する

「校舎に向かって一礼する」この習慣は、三〇年以上も前に永平寺町の上志比中学校の校長に赴任してきた川鰭定幸先生の発案で始まった。当時、全国の公立中学校では暴力事件、〝校内暴力〟が多発していてこの学校も例外ではなかった。そこで校長はこの提案をしたのだが、最初は他の先生からの反発があり、生徒も協力してくれなかった。それでも校長は入学式の翌日から自ら毎朝校門の前に立ち、生徒一人ひとりと挨拶を交わしているうちに、自然に挨拶を返す生徒が増えはじめ、そしてこの習慣はしっかりと定着したのである。

校長は、この体験を踏まえ食事中おしゃべりばかりで食べ残しの多い現状を改革するために、「無言で食事をする・無言で掃除をする」の習慣を実行に移した。その結果、食べ残しはなくなり後始末も無言でやるようになった。

また、一五年前、越前漆器組合から給食に使う食器に越前塗りの漆器を使ってもらいたいと提案があった。しかし、衛生管理面の洗浄の問題、価格の問題などの厚い壁にぶつかり暗礁に乗り上げそうになったが、幸い組合関係者の積極的な協力によりこれらの障害を乗り越えて、ようやく実現したのである。

このような生活習慣の改革の中から、生徒たちは「地元の職人たちが丹精込めて作った重厚な漆の食器で、学校の畑や近隣農家で採れた地場産の野菜を味わうことができる。こうした周囲の人たちの愛情に包まれた生活がここにある」ことを実感するようになった。そして、人間は独りで勝手に生きているのではなく、両親、先生、そして地元の多くの人たちに自然に支えられて生きていることを学んだのである。

このような習慣が定着してから、つまり校長が赴任してから三年ぐらいたって、不思議なことに生徒たちの成績が上がり始めたのである。

福井県は宿題が日本一多い

学力テストと同時に生徒の学習状況や先生の指導に関してもアンケート調査が行われ、興味深い事実が判明した。たとえば、宿題を出している率で見ると、福井県は小学校の国語、算数、中学校の国語、数学などすべての科目で全国一位であった。併せて、その大量の宿題をやり切らせる工夫、学力に結びつけるための工夫が裏付けされていることがわかった。

その一つは、ただ単に宿題を多く出すだけではなく、習慣づけるために計画的に課題を提起して回答を求め、その回答を丁寧に点検して間違いを直したり、補強したりするなど先生がきめ細かな指導をしていることである。

もう一つは、家族、特に母親が宿題の取り組みに積極的に協力し、見守っていることである。福井県では、家族ぐるみで宿題を重視する伝統があるが、母親に対するアンケート調査（前出）でも明らかなように、

・宿題が終わるまで遊びに行かせない
・宿題が終わったかどうかチェックする
・目の届く範囲で宿題をさせる

など子どもが宿題をきちんとやることに、親が積極的に関与している様子がうかがえる。

部活動と勉強の両立

併せて注目されるのは文武両道の確立である。福井県出身の東大生が座談会で語るように

「部活動して家に帰って、予習と宿題をするのが精いっぱいだったよね」
「部活動が勉強の支障になるということはないと思っていた」

といった常態の生活習慣が学力と体力日本一を築く土台になっていることがわかった。ちょうどこの原稿を書いている平成三〇年一二月二〇日に、二〇一八年度の全国体力テスト調査結果がスポーツ庁から公表された。福井県は小学校五年生では、男子が全国二位、女子一位、中学校二年生では、男女ともに全国一位に輝いたのである。

この調査結果と同時にスポーツ庁から発表されたコメント

「朝食を含め、適切なバランスのいい生活環境が体力向上につながる」

は、生徒、先生、家庭、地域との連携の中から培われた、福井県独特の生活慣習が生み出した素晴らしい伝統を指しているのかもしれない。

第二章

「人口減少下」における国造り

――問題提起

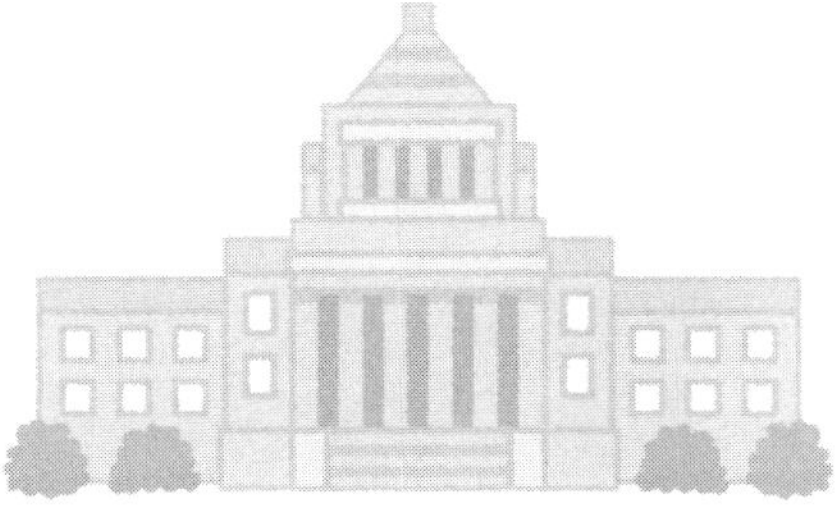

古来より「人口減少の国は、栄えた例がない」といわれてきた。

いま、わが国における百年、千年の計の根幹にある課題は「少子化・人口減少」であると指摘されている。

一九八九年に合計特殊出生率が過去最低の一・五七を示してから早くも三〇年近くが経過した。この間、「少子高齢化」が日本の将来の命運を左右する重大かつ深刻な課題として、さまざまな対策がとられてきた。

待機児童解消などの子育て支援、男女共同参画、仕事と子育ての両立、若者の雇用安定、地方創生、そして働き方改革などである。しかしながら、二〇一七年の出生率は一・四三で人口の維持に必要とされる二・〇七に遠く及ばないばかりか、一九八九年に問題視された一・五七すら回復することができていない。つまり、この三〇年近くもの間にとられた諸対策は、出生率の回復という基本目標の面から見れば、結果的に効果をあげていないと断ぜざるを得ない。

加えて、昨今「人口減少」の波及作用として、外国人人材の受け入れ拡大、公立高校の大幅な定員割れなどの問題が浮上し、それらをめぐる論戦が国会で始まっている。外国人人材の受け入れ拡大については、まずその入口の出入国管理法、在留資格の設定などの法整備が必要である。また労働力不足の補塡といった面からは、対象業種の選定、雇用数の見込み基準の設定、雇用事業主側の雇用管理指針の見直しなど受け入れ拡大をめぐる諸基準を明確に示すことが前提条件となる。さらに外国人人材が社会に適応できるようにするためには、住宅の確保、医療保険、年金などの福祉関係も整備しなければならない。

一方、公立高校の定員割れについては、高校に関する最近の調査（読売新聞社）によると、二〇一八年春の入試で都道府県立高校の約四割にあたる一三一一校が募集定員を満たさず定員割れをしたことが明らかになった。少子化が進行して定員割れとなった一三一一校は、一六年度より一七〇校増え、一七年度より一五五校増えた。定員割れをした高校では、入試の難易度が下がることによる全校的な学力低下や部活動の縮小化などが懸念されている。

文科省の調査によると、二〇一八年の全国中学卒業者は昨年よりおよそ二万七〇〇〇人少ない一一三万人と見込まれていて、一九年度以降の入試も広く定員割れが続くと見られている。このような状況をもとに、地域格差問題も絡んで学校の存立・運営にも深刻な影響を与えつつあり、生徒集めをめぐる競争が激しくなっている。

このようにわが国における「少子化・人口減少」の現象は、過去に例を見ない急激で深刻な波及作用を広範にわたって及ぼしており、さらに今後の見通しについてもその傾向は大きく変化しそうにない。二〇一七年における「将来人口推計」によると、出生率の低位推計は一・二五、高位推計は一・六五で、前者の場合二〇六〇年の総人口は、八七六三万人、後者の場合は九八七七万人となる。どちらのケースでも現在と比べて三、四〇〇〇万人人口が減ることには変わりがない。これが二一世紀におけるわが国の「人口減少」の厳然たる見通しである。

そのような実態と見通しから見れば、

図1－1　総人口の推移
― 出生中位・高位・低位（死亡中位）推計 ―

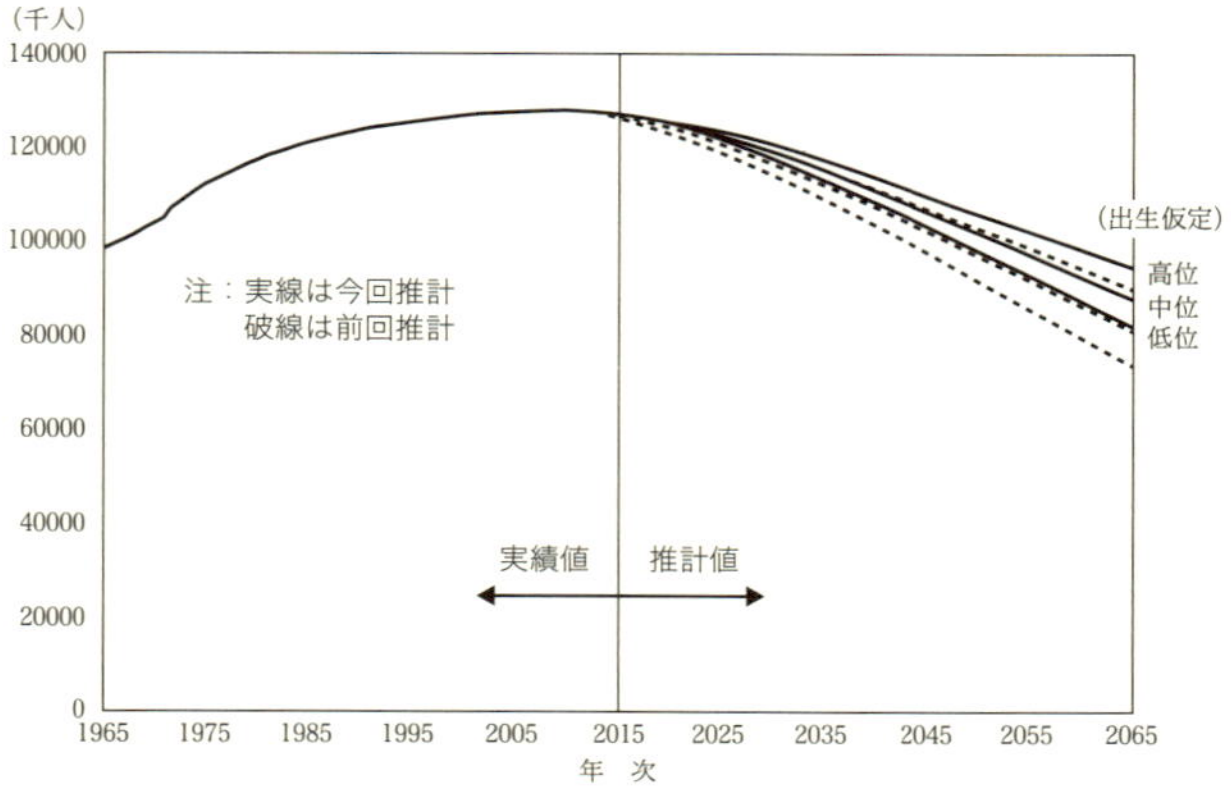

（国立社会保障・人口問題研究所、平成29年推計）

その対策は中・長期的で全国土的規模に立ち、しかも旧来の発想の延長ではなく大胆な総合対策として示すことが求められている。

この総合対策を構想することは、過去三〇年の体験からも決して容易なものではないが、しかし、この課題は国家百年、千年の計の礎を成す課題であるから、これまでの体験を教訓として、次の諸点に留意して対策を講ずるべきと考える。

一、「少子化・人口減少」の問題は、経済成長、消費動向、労働市場、産業政策、技術革新、そして社会保障など国家としてのあらゆる政策策定の基礎函数的な性格を持っている。したがって、新たに目指すべき「中・長期的国家像」を視野においた総合的な対策として打ち出すべきである。

二、一項に関連して、目指すべき適度な人口目標を大胆に設定して、それを達成するための社会資本（環境、住宅、交通、教育、医療、福祉など）を整備する対策を具体的に示すことが必要である。その対策を示すことによって、若者の未来への希望と生活改善への期待と意欲が芽生えてくる。したがって、近年一部に見られる「少子化・人口減少」をきわめて深刻なものとして過度に煽る言動は、かえって逆効果になりかねないので厳に慎むべきである。

三、「少子化・人口減少」の動向は、すでに労働力不足の形で市場を圧迫しつつあるが、外国人人材の受け入れ拡大については、歴史的な政策転換であり、拙速にならないように丁寧な対策と環境整備が必要である。

併せて重要なことは、一定の「経済成長」を確保するための政策の展開である。経済成長は、必ずしも出生率を高めるための直接的な効果をもたらすものではないが、「人口減少」がもたらす労働力不足、年金制度の不安定化などさまざまな悪影響を抑止するための万能薬的な機能を持つから、金融、財政など成長を引き出すための政策を積極的に推進することがきわめて重要である。

したがって、成長政策の推進と環境整備を前提として、結果的に外国人人材の受け入れ拡大を容認することになるだろう。その場合、重要なことは、行政、自治体、学校、企業、団体などにおける外国人人材受け入れに対する教育体制の確立である。その内容は、単に技術、作業、事務、サービスといった仕事に対する教育・指導の側面だけではなく、基礎的な知識と教養を体得することがより重要になってくる。それは仕事と生活を両立させ、人間関係と社会との関係を円滑にし、そして快適な共生社会を創造するためである。その必須要件として、言語、季節、風土、治安、そして文化といったものを受け入れ、修得する体制を確立する必要がある。

注：本章は、東京大学大学院の赤川学教授の論文を参考にしてまとめた現段階における問題提起である。現在、政府、シンクタンクなどで検討が始まっている「中・長期国土計画」の草案が提示された際に、改めて補強整備する。

著者紹介

藁科 満治（わらしな みつはる）

元参議院議員（1992～2004年）
1996年　内閣官房副長官
2002年　秋の叙勲で勲一等瑞宝章受章
2003年　参議院議員会長（民主党）、国家基本政策委員会委員長
2011年　大倉喜七郎賞受賞
2012年　日本棋院八段

著書
『民主リベラルの政権構想』『「出会い」こそ人生の分岐点』『囲碁から学ぶ人生訓――「いろは」のしおり』（共著）『囲碁文化の魅力と効用』『浮世絵に映える囲碁文化』『歌舞伎に踊る囲碁文化』『藩校に学ぶ――日本の教育の原点』（以上、日本評論社）、『僧・寛蓮の功績――囲碁史に一石』（囲碁文化研究会、非売品）他

藩校《はんこう》に学《まな》ぶ 補遺《ほい》

日本《にほん》が誇《ほこ》れる人《ひと》づくり・しつけ教育《きょういく》のモデル

2019年 6 月 3 日／第 1 版第 1 刷発行

著　者　　藁科 満治
発行所　　株式会社日本評論社
〒170-8474　東京都豊島区南大塚3-12-4
電話　03-3987-8621（販売）　03-3987-8601（編集）
装　幀　　山崎 登
印刷・製本　精文堂印刷株式会社

ISBN 978-4-535-58741-0